DELILAH CROWDER

MW00648267

Evitando & Lidiando con las Ofensas

Publicado por
DPC Ministries Enterprises Inc.
Derechos Reservados

©2012 por Delilah P. Crowder
Impreso en los Estados Unidos de America

Las citas bíblicas se tomaron de:
- Santa Biblia Versión Reina Valera 1960. ©1960 por la Sociedad Bíblica en América Latina.
- Nueva Versión Internacional (NVI). ©1999 por la Sociedad Bíblica en América Latina.

ISBN - 13: 978-0615779249
ISBN - 10: 0615779247

Library of Congress TXU 1-841-742

Edición y Corrección: Silvana Freddi
silvanafreddi@hotmail.com

Diseño de portada e interior: Karina Chavez
contacto@editorialimpakto.com.ar

RECONOCIMIENTOS

A mi Señor y Salvador Jesucristo, gracias por tu amor eterno derramado en mi corazón, por la revelación de tu Palabra que me lleva cada día a vivir una vida de búsqueda más profunda de ti y de tus verdades.

A mi esposo, Rev. Christopher Crowder, gracias por los sacrificios que haces, por cubrirme siempre espiritualmente en oración e ir adelante como cabeza y sacerdote de nuestro hogar.

Mil gracias.
Delilah Crowder

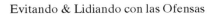

CONTENIDO

PRÓLOGO

La pastora Delilah es una maestra de la Palabra de Dios. Su vida es un gran ejemplo de una mujer de fe sabia que, sobre todas las cosas, ama al Señor.

En este nuevo libro, que fue escrito con el corazón, ella desarrolla el tema de las ofensas de una manera muy particular.

Las ofensas han permitido que, a lo largo de mucho tiempo, las personas hayan perdido la perspectiva correcta de la vida y su razón de ser. La agonía que se genera en cada uno de ellos es mayor al no tener una guía que los instruya y los libere de esta terrible enfermedad espiritual y emocional.

En cada capítulo de esta obra encontrarás la clave medular para poder vencer esta batalla: el amor de Dios. Descubrirás que cuando actúas a través de Él y eres inundado por su presencia, es entonces que estás apto para abrir tu corazón, perdonar a quien te ofendió y recibir la sanidad interior que necesitas para alcanzar los propósitos divinos para ti.

Te invito a que te sumerjas en una experiencia transformadora para tu vida junto a la Pastora Delilah en EVITANDO & LIDIANDO CON LAS OFENSAS.

Bendiciones,
Pastor Nixon Cruz
Iglesia Casa de Adoración Jabes
Bayamón, Puerto Rico

INTRODUCCIÓN

La cordura del hombre detiene su furor,
y su honra es pasar por alto la ofensa.
Proverbios 19:11

Las ofensas vienen a nuestras vidas a través de diferentes circunstancias, personas y vías, pero hay algo que estas tienen en común y es el impacto que sufrimos al recibirlas. Se trata de impactos desmoralizadores, tanto emocionales como físicos, y muchos de ellos cambian nuestras circunstancias y afectan nuestra calidad de vida.

Lo cierto es que millones de personas caminan diariamente con ofensas que ocurrieron ayer y otras que tuvieron lugar hace tiempo atrás. Las ofensas son cargas que nos encorvan cada vez más, y cadenas que nos mantienen cautivos en una prisión emocional que nos ahoga y nos va destruyendo con el correr de los años. Esto es algo de lo que puedo testificar personalmente porque por muchos años, aunque ya era salva y me encontraba trabajando en el ministerio, cargaba ofensas las cuales me tenían presa emocionalmente. Y no fue hasta que fui ministrada por el Espíritu Santo y tomé mi responsabilidad al respecto que pude ser libre. Esa libertad me llevó a comenzar a disfrutar de una vida llena de paz y bendiciones. Muchas personas están cautivas en la prisión de la ofensa y son ellas mismas sus propios carceleros; tienen en sus manos las llaves que pueden abrir las puertas de la cárcel pero, ya sea por orgullo o deseo de venganza, permanecen atadas y no disfrutan de la libertad que Cristo compró para ellos en la Cruz del Calvario.

Para que tengamos un entendimiento más claro sobre las ofensas necesitamos tener presente que en la dinámica de las ofensas participan el agresor y el ofendido y todos, en algún momento, nos hemos encontrado o nos encontraremos en ambas posiciones. Hay agresores que pasaron por nuestras vidas y otros que aún lo están. Hay agresores que podemos eliminar por completo y otros que, debido a un lazo familiar, no podemos dejar de ver.

En este último caso, solo podemos intentar manejar la relación de una manera saludable y constructiva para ambos.

A lo largo de mi vida, he experimentado un sinfín de ofensas: ofensas diarias o pequeñas y ofensas grandes o devastadoras (más adelante analizaremos ambos tipos de ofensas en detalle). Cada una de estas experiencias me ha marcado y me ha convertido en la mujer que soy hoy.

Las ofensas sufridas me han sensibilizado, pero también me han fortalecido. En algunos momentos, hicieron que me cayera al suelo con ambas manos, pero también me brindaron las fuerzas, la inspiración y el valor para ponerme de pie y seguir adelante.

Las ofensas siempre llegarán a nuestras vidas, lo queramos o no; incluso Jesucristo nos hizo saber en Lucas 17:1 que estas siempre vendrían, pero es nuestra actitud ante ellas lo que marca la diferencia. Tú decides si vas a convertirte en otra estadística o víctima permanente, o no. Solo tú puedes determinarte a aprender de estas circunstancias y a tomar fuerzas para vencerlas y seguir tu camino.

Es mi propósito a través de este libro, el compartir contigo estrategias prácticas que puedes aplicar en tu diario vivir para tener un mejor control de ti mismo, a la hora de recibir una ofensa. También el enseñarte a identificar sus formas y características para que puedas eliminar las ofensas presentes y evitar aquellas que vendrán en el futuro.

Pastora Delilah Crowder

PARTE 1

Si el espíritu del príncipe se exaltare contra ti,
no dejes tu lugar; porque la mansedumbre
hará cesar grandes ofensas.
Eclesiastés 10:4

¿QUÉ ES UNA OFENSA?

La ofensa es, en primer lugar, una injuria, un daño físico sufrido directa o indirectamente de manera personal. Esta viene a través del abuso físico, sexual o emocional.

También es el resultado de pérdidas materiales, tales como un trabajo, una casa, una posición social, profesional o económica.

La ofensa ocurre cuando nos sentimos injuriados en el trabajo porque a pesar de haber dedicado nuestro tiempo y esfuerzo, el supervisor nos despidió sin razón alguna; percibimos la pérdida del empleo como algo injusto y esto nos hace sentir lastimados y ofendidos con esa persona en particular.

También nos sentimos ofendidos cuando una transacción de negocios, en la que habíamos depositado gran esperanza, fracasa; o cuando no fuimos promovidos en el trabajo justo en el momento en que lo esperábamos, y un compañero obtuvo el ascenso en lugar de nosotros.

La ofensa tiene lugar cuando perdemos nuestra casa, nuestro automóvil y nuestra posición social y económica debido a un divorcio; esta situación suele ser muy común para una mujer que se encuentra de repente sola, sin empleo y sin ningún tipo de apoyo financiero.

Podemos sentirnos injuriados cuando nuestros hijos no son invitados a una fiesta de cumpleaños o a algún acontecimiento importante que esperaban con ansias; o cuando el entrenador del equipo los deja en la banca durante todo el juego de pelota. Los padres suelen sentir en carne propia toda injuria, percibida como tal, que reciban sus hijos.

Como ya mencionamos, las ofensas pueden ser pequeñas e insignificantes o enormes y devastadoras.

Encontramos en la Biblia un ejemplo en el libro de Rut. Allí conocemos a Noemí quien, después de haber perdido a su esposo y a sus dos hijos, regresa a su tierra natal; cuando las mujeres se le acercan, ella les dice que no la llamen más Noemí sino Mara que significa "amargura".

En Rut 1:20 vemos que la ofensa de Noemí era hacia Dios; sí, leíste bien, ¡hacia Dios! Aunque la decisión de dejar Israel fue de ella y de su esposo y en la Palabra de Dios no hay indicación alguna de intervención divina en dicho asunto, Noemí le echó la culpa de su tragedia a Dios. Y de la misma manera, tú y yo nos hemos encontrado más de una vez en circunstancias que tal vez fueron provocadas por nosotros mismos; sin embargo, en un intento desesperado por aliviar nuestro dolor, culpamos a otros de ellas, aun a Dios mismo.

Solemos preguntarle a Dios:
- Dios, ¿por qué me has abandonado, por qué a los demás sí y a mí no?
- ¿Por qué mi amiga tuvo su casa sin hacer nada, sin ningún esfuerzo… y yo que soy obediente y hago todo lo que debe hacer un cristiano, no tengo la mía?
- ¿Acaso hay algo que estoy haciendo mal que no me convierte en merecedora de tu favor, de tu milagro?
- ¿Por qué su papá se sanó y el mío no?

- ¿Por qué no tienes en cuenta los deseos de mi corazón?

- ¿Por qué no mueves tu mano a mi favor, por qué no haces nada?

Decimos: "Dios no nos escucha", "no nos tiene en cuenta", "se olvidó de mí". Y sin darnos cuenta nos resentimos, nos enojamos con Dios y todo nos duele cada vez más olvidando que Dios es bueno, que sus misericordias se renuevan todas las mañanas y que cuando nosotros perdemos el control de las situaciones, Él las sigue teniendo. Olvidamos que todo lo que tenemos es por gracia y porque Dios es bueno, sin embargo, nos "ofendemos".

En Jueces 6:13, Gedeón pregunta: *…¿por qué nos ha sobrevenido todo esto? ¿Y dónde están todas sus maravillas, que nuestros padres nos han contado, diciendo: ¿No nos sacó Jehová de Egipto? Y ahora Jehová nos ha desamparado, y nos ha entregado en mano de los madianitas.*

La inquietud de Gedeón demuestra con claridad sus sentimientos y su ofensa hacia Dios. Su respuesta al ángel de Jehová estaba llena de sarcasmo.

De igual manera, nosotros, cuando nos vemos en pruebas y tribulaciones o sufrimos desilusiones, consciente o inconscientemente nos ofendemos con Dios. Una prueba de esto es la distancia que colocamos entre Él y nosotros. De repente, dejamos de orar, de congregarnos o de servirle como teníamos por costumbre.

Teológicamente sabemos que Dios no falla pero espiritualmente nos enojamos. Cuando miramos a Job y otros ejemplos bíblicos de personas que se enojaron con Dios, es claro que Él no condenó tal enojo. Más bien, entró en un diálogo con estas personas y las ayudó a desenvolverse en medio de su enojo y superarlo. Sin embargo, esto no significa que siempre Dios diera una explicación de por qué le suceden cosas malas a las personas buenas. El libro de Job es un extenso discurso entre Job y sus amigos, y entre Job y Dios. Sus amigos fundamentalmente lo acusaban de haber hecho algo malo e insistían en que la tragedia era el juicio de Dios por su pecado. Job les reiteraba una y otra vez que ese no era el caso.

La respuesta definitiva de Job fue confiar en Dios, aunque no entendiera todas las cosas. Por medio de esta experiencia, la relación de Job con Dios se fortaleció y se profundizó. Las escrituras indican más adelante que *"...bendijo Jehová el postrer estado de Job más que el primero..." (v.12).*[1]

Aunque muchos no se atrevan a decirlo en voz alta, sus acciones gritan que están ofendidos con Dios, lo cual es absolutamente comprensible cuando se atraviesa un período de dolor intenso. Pero como fuimos creados para tener una comunión íntima con el Señor, sufriremos cuando esta falte en nuestras vidas. Él está de nuestra parte, ¡y no en contra de nosotros!

---

[1] Gary Chapman, *El enojo, Cómo Manejar Una Emoción Poderosa de Una Manera Saludable*, Editorial Portavoz, edición

En segundo lugar, podemos definir la ofensa como un agravio o daño moral. Este tipo de ofensa está relacionada con nuestras emociones y llega a través de situaciones tales como la traición, el abandono y la mentira, entre otras cosas.

La ofensa a través del daño moral viene cuando un esposo deja a su esposa por otra mujer luego de años de matrimonio; cuando una amiga, en quien se había depositado hasta ese momento la confianza, comete una traición al contar a los cuatro vientos los íntimos secretos que le fueron compartidos; o cuando un familiar cercano no ofrece su apoyo cuando más se necesita.

La ofensa a través del agravio también tiene lugar cuando somos acusados injustamente de algo que no hicimos o dijimos y, como resultado, perdemos nuestra credibilidad ante los demás; cuando la persona en la cual confiamos toda la vida nos abandona en un momento de dificultad.

Otros ejemplos de agravios son esa tarjeta de cumpleaños que no llegó, esa llamada que nunca se realizó, ese dinero que dimos en préstamo y nunca nos devolvieron, ese rumor falso que alguien soltó en contra de nosotros o la falta de gratitud ante un favor realizado.

Un ejemplo del agravio moral lo encontramos en 1 Crónicas 15:29 donde la Palabra nos dice que Mical sintió un desprecio profundo al ver a David danzar delante de la presencia de Dios. Me atrevo a decir que este desprecio va más allá de un simple acontecimiento. El desprecio de Mical viene como resultado de años de espera y abandono de parte de David mientras él estaba en exilio. Años llenos de incertidumbre y dolor, durante los cuales nadie se detuvo a preguntarle cómo se sentía y ella fue tratada como una simple propiedad. Tengamos presente que durante el exilio de David, Saúl, padre de Mical, la dio por esposa a otro hombre y cuando David regresó la tomó de regreso, sin preguntas, sin consideración. Todo esto trajo como resultado resentimiento y desprecio, un gran daño moral.

Como puedes ver, las ofensas diarias vienen de todo lugar y de diferentes maneras, independientemente del lugar del planeta que habitemos o la situación de vida en la que nos encontremos. Es por ello que no somos inmunes a ellas y debemos prestarles mucha atención, ya que si no les damos importancia o las tomamos a la ligera, estas pueden llegar a destruir nuestras emociones y nuestras relaciones interpersonales.

TIPOS DE OFENSAS

Para beneficio del lector, y a fin de realizar un análisis más detallado del tema en cuestión, en este libro vamos a ubicar las ofensas en dos categorías:

- ofensas diarias y
- ofensas devastadoras.

Las ofensas diarias son aquellas que sufrimos en nuestras actividades cotidianas:

porque el entrenador no puso a nuestro hijo de portero en el juego de fútbol (¡cuando la familia entera esperaba que lo hiciera!); porque la cajera del supermercado nos tiró el cambio en lugar de entregárnoslo en la mano; porque nunca recibimos ese mensaje de texto con la respuesta esperada; o porque el ex marido, por enésima vez, no llega a tiempo a recoger a los niños.

Son esas pajitas que le caen a la leche, en apariencia trivialidades que pasamos por alto, que se van acumulando poco a poco, hasta que un día perdemos la paciencia y explotamos. O esas situaciones un poco más serias que hacen que terminemos llamando a una amiga para contarle todo lo que nos hicieron o, peor aún, ¡publicando lo sucedido en una red social para que todo el mundo se entere!

Una ofensa diaria es aquel problema que surge de repente y te encuentras con que ya no te hablas con un amigo; y si te preguntan: "¿Qué pasó? ¿Por qué no se hablan?", respondes: "Ni idea, de un día para el otro me dejó de llamar y me borró del Facebook. Realmente no sé qué pasó...". Situación que, cuando acontece, puede resultar bastante desconcertante.

Pero también nos topamos con las ofensas devastadoras, esas que vienen a través de injurias causadas por el abuso físico, emocional y sexual. Se trata del abandono de un padre o de una madre en la niñez, de la infidelidad de una pareja por quien se ponían las manos en el fuego, o de difamación pública. Son injurias que desgarran nuestra alma a tal punto, que nos sentimos morir porque todo nuestro mundo se ha derrumbado.

Este tipo de ofensa debe tratarse con mayor delicadeza. Si así no lo hacemos, corremos el riesgo de perder la maravillosa oportunidad que el Señor nos regala a todos por igual de vivir vidas victoriosas, prósperas y abundantes.

Dejemos a los envidiosos la tarea de proferir injurias y a los necios la de contestarlas.[2]

¿Qué ganarías con injuriar a una piedra que es incapaz de oírte? Pues bien, imita a la piedra y no oigas las injurias que te dirijan tus enemigos.[3]

Más adelante las veremos más de cerca, por ahora nos concentraremos en las ofensas diarias o pequeñas.

---

[2] *Louis Emmanuel Dupaty*

[3] Epicteto de Frigia *(55-135) Filósofo grecolatino.*

ACTIVIDAD

Enumera cinco personas con las cuales te hayas sentido ofendido/a y narra brevemente la causa de la ofensa.

1.

_____

_____

_____

_____

_____

_____

_____

_____

_____

2.

_____

_____

_____

_____

_____

_____

_____

_____

_____

_____

3.

_____

_____

_____

_____

_____

_____

_____

_____

_____

4.

_____

_____

_____

_____

_____

_____

_____

_____

_____

_____

5.

_____

_____

_____

_____

_____

_____

_____

_____

_____

En el transcurso de estas páginas, trabajaremos e incorporaremos a estas personas y situaciones.

PARTE 2

*Porque si perdonáis a los hombres sus ofensas,
os perdonará también a vosotros
vuestro Padre celestial.*
Mateo 6:14

¿CÓMO SÉ QUE ESTOY OFENDIDO?

Muchas personas suelen decir que en sus vidas no hay ofensas, porque así lo creen en realidad o porque se niegan, de manera consciente o inconsciente, a ver la verdad de su situación. Sin embargo, hay ciertas señales que pueden indicar lo contrario.

En la carta a los Efesios 4:31-32 leemos: *Quítense de vosotros toda amargura, enojo, ira, gritería y maledicencia, y toda malicia. Antes sed benignos unos con otros, misericordiosos, perdonándoos unos a otros, como Dios también os perdonó a vosotros en Cristo.*

En este pasaje bíblico vemos una de las mejores descripciones de las señales de que existe una ofensa. Estas son como termómetros que nos indican si nos sentimos ofendidos o no. Analicemos detenidamente cada una de ellas:

1- La amargura

La amargura viene a través de una aflicción o disgusto. Está relacionada con un sabor amargo que sale de lo más profundo del corazón de la persona, un resentimiento que surge cuando escucha hablar de alguien en particular.

La primera característica de la amargura es el sarcasmo (el cual vimos en la vida de

Gedeón), es decir esa ironía hiriente, o incluso burla, que usamos cuando tratamos constantemente de que la otra persona se sienta menos. Un ejemplo es cuando el padre de los niños llega tarde a recogerlos y, aunque él se disculpe o se muestre arrepentido, la esposa le dice: "Si verdaderamente te importaran los niños, llegarías a tiempo…".

En Génesis 30:14 podemos ver claramente la amargura que Lea sentía hacia Raquel cuando esta última le pidió las mandrágoras de Rubén. Lea respondió: "¿Te parece poco el haberme quitado a mi marido, que ahora quieres también quitarme las mandrágoras de mi hijo?".

La segunda característica de la amargura es la agitación. Si tú descubres que cada vez que hablas con alguien, ya sea personalmente o por teléfono, te agitas y sientes que tus emociones están desordenadas, déjame decirte que esta es una señal de que hay amargura. Cuando la amargura está presente en nuestras vidas no hay forma de hablar templadamente (¡en especial si se es caribeño!), toda conversación, por simple que sea, sube rápido como la leche en el fuego. Esta es una de las características más comunes que he experimentado en el pasado y, ahora que la reconozco, he podido no solo trabajar en ella sino además evitarla en mi vida.

La tercera característica de la amargura consiste en proyectar una felicidad falsa. Y de esta característica todos somos culpables, como nos dice Juan 8:7: "El que esté libre de pecado, que tire la primera piedra".

El proyectar una felicidad falsa ocurre cuando todo el tiempo queremos demostrarle a la otra persona que en nuestras vidas las cosas van de maravilla y solo tenemos triunfos. Tú te encuentras en una competencia constante con quienes te rodean, tratando de impresionarlos con el mejor carro, la casa más grande o las vacaciones más exóticas.

De igual manera, si es alguien más que logra un triunfo o un éxito y te niegas a felicitar a esa persona, esto es una señal de que hay amargura.

La cuarta y última característica de la amargura es la difamación. Es cuando tú te hayas hablando de otra persona y sacas a relucir todo lo negativo de ella, en un intento por desacreditarla, ya sea de forma directa con ella o con los demás. Esto ocurre mayormente en conversaciones casuales y privadas, entre cafecito y cafecito; se trata de comentarios rápidos e inocentes los cuales están en su mayoría llenos de críticas y prejuicios a pesar de que la misma Palabra nos da como mandamiento en Éxodo 20:16 que "no demos falso testimonio en contra de nuestro prójimo".

Te invito a hacer un examen de conciencia honesto para comprobar si alguna de las características anteriores de la amargura se manifiesta en tu vida, en referencia a alguien en particular. Si la respuesta es afirmativa, esto es señal de que tú estás ofendido con esa persona aunque quizás ni siquiera te hayas dado cuenta de ello.

En 1 Samuel encontramos a Saúl persiguiendo a David, sin descanso, para matarlo. Saúl perdió los últimos años de su vida sumido en el odio y la amargura. Los celos, los pensamientos de asesinato y violencia lo consumían. En su intento por matar a David, Saúl gastó recursos que le pertenecían al reino, descuidó su trono y en el camino muchos murieron. Finalmente, Saúl perdió su alma. De igual manera nosotros cuando nos obsesionamos con una persecución moral o emocional perdemos años de nuestras vidas, recursos y hasta nuestras bendiciones.

Deuteronomio 29:18 nos dice: *Asegúrense de que ningún hombre ni mujer, ni clan ni tribu entre ustedes, aparte hoy su corazón del SEÑOR nuestro Dios para ir a adorar a los dioses de esas naciones. Tengan cuidado de que ninguno de ustedes sea como una raíz venenosa y amarga.*

Aquí se nos recuerda que, al igual que un árbol, la amargura crece con raíces que se extienden y toman no solo el control de nuestras emociones, sino también las de nuestros hijos, nuestra pareja y los seres que amamos.

La amargura nos roba los recursos que tenemos y nos impide tomar posesión de las bendiciones de Dios y todas aquellas cosas que nos pertenecen.

Tristemente somos testigos de cómo muchas mujeres, llenas de amargura por una relación que ya se terminó, trabajan en su empeño por destruir al ex esposo y, al hacerlo y sin darse cuenta, destruyen a sus hijos y la relación que tienen con ellos.

Quiero compartirte parte de la historia de mi vida. Durante los primeros nueve años no tuve el privilegio de vivir con mis padres. Viví de casa en casa, de familiar en familiar. Hoy aquí, mañana allá, ya que mi madre en aquel tiempo tenía su corazón lleno de ofensa hacia mi padre y no permitía que ni mi hermana ni yo estuviéramos con él.

Nos dejaba al cuidado de otras personas y, durante el proceso, fui violada sexualmente y abusada físicamente. Y todo como resultado de una raíz de amargura. Doy gracias al Señor porque Él ha cambiado a mi mamá, ella hoy tiene a Cristo en su corazón y se ha podido liberar de toda ofensa y sus tristes consecuencias en su vida.

Una raíz de amargura es un hecho, una situación, un recuerdo que no pudimos olvidar ni perdonar al cual le seguimos dando vigencia, importancia, y como tal, frena todo lo nuevo y lo bueno que está por delante en nuestra vida. Una raíz de amargura es un recuerdo que, a pesar de haber transcurrido mucho tiempo, sigue teniendo la misma vigencia que cuando sucedió. Esa acusación, esa traición, esa falta de fidelidad, esa injuria, esa ofensa pasa a ser nuestro propio enemigo interno. ¿Por qué?

Porque el dolor del recuerdo nos detiene en el pasado, nos nubla el presente y no nos permite seguir soñando ni seguir a la meta. ¿Y quién se lastima con esa raíz de amargura?, "nada más que uno mismo". El otro seguramente no sepa de tu dolor y tú sigues acarreando algo que puedes dejar atrás, soltar, para que ya no tenga autoridad ni poder sobre tu vida.

La raíz de amargura destruye no solo nuestras emociones sino también nuestra mente y nuestro cuerpo. El apóstol Pablo dice: "Ciertamente hay cosas que tengo por delante, todo lo que quiero alcanzar, pero para lograrlo, para ir hacia el futuro tengo que dejar lo que queda atrás, sino siempre estaré detenido en el mismo lugar". Y lo mismo sucede con nuestras vidas.

Es fundamental crearnos el hábito de auto examinarnos y, si fuera necesario, trabajar fuertemente en arrancar por completo toda raíz de amargura antes de que perdamos nuestras bendiciones y destruyamos, con nuestras propias manos, nuestra casa, a nuestros hijos y a nuestras familias.

Es la voluntad de Dios para nuestras vidas que seamos libres de toda amargura, y esa libertad está disponible para cada uno de nosotros hoy si tan solo nos predisponemos a cambiar.

2- La ira

La ira es furia que viene con violencia, es como un calor que hierve dentro de nuestras entrañas. La podemos comparar con una olla de presión la cual, poco a poco y según la temperatura del fuego, comienza a hacer ruido y a tirar vapor. ¿Te has sentido así alguna vez?

Las características más comunes de la ira son las palpitaciones aceleradas del corazón, el sudor de las manos y, en ocasiones incluso, dificultad para respirar. Es una agitación emocional, una pasión descontrolada, que se refleja en todo nuestro cuerpo.

La ira también se manifiesta de manera física, ya sea cuando una persona golpea a alguien, arroja platos, cierra una puerta bruscamente o cuelga el teléfono dando por terminada una comunicación.

Efesios 4:26 nos dice: *Airaos, pero no pequéis; no se ponga el sol sobre vuestro enojo.* Tú y yo nos vamos a airar en algún momento, eso es inevitable porque es parte de la naturaleza humana. El Apóstol Pablo nos dice que hay una ley en nuestros cuerpos que hace que todos, sin excepción, "aunque queramos hacer lo bueno, terminemos haciendo lo malo".

En Mateo 21:12-13 leemos que *Jesús entró en el templo y echó de allí a todos los que compraban y vendían. Volcó las mesas de los que cambiaban dinero y los puestos de los que vendían palomas. «Escrito está —les dijo—: "Mi casa será llamada casa de oración"; pero ustedes la están convirtiendo en "cueva de ladrones".»* Aquí vemos cuando Jesucristo entró en el templo y dio vueltas las mesas de los mercaderes, pero tengamos en cuenta que la ira de la que nos habla Efesios 4 no es la misma que vemos en estos dos pasajes de los evangelios.

La emoción que manifestó Jesús fue una ira de indignación, por la falta de reverencia en el templo y la desobediencia a la Palabra de Dios. Algo que podríamos llamar como una "ira santa".

En el Génesis vemos que Caín tenía dificultades con la ira. El problema no fue que él se airó sino que permaneció en su ira y, en esa emoción predominante, terminó por asesinar a su hermano Abel de quien sentía celos. El caso de Caín nos enseña que si no aprendemos a dominar la ira, esta nos dominará a nosotros y le abriremos así la puerta al pecado.

Por muchos años yo sufrí de una ira constante, no dejaba de herir, ofender y destruir a aquellos que estaban a mi lado. Toda ira tiene una fuente y debemos buscar la dirección del Espíritu Santo para que nos indique cuál es la raíz de esa emoción para poder lidiar con ella.

En la mayoría de los casos la raíz de nuestra ira no se encuentra en la otra persona sino en nosotros mismos, de ahí la importancia de un auto examen periódico. No fue hasta que abrí mi corazón y trabajé en mis emociones que pude tener dominio sobre ellas.

Hoy día, tengo mi ira un poquito bajo control aunque la indignación por falta de excelencia, integridad y profesionalismo, de vez en cuando me recuerdan que la ira es algo con lo cual constantemente necesito batallar. ¿Cómo te encuentras tú en esta área?

3- El enojo

La tercera señal de que hay ofensa en nuestras vidas es el enojo. El enojo es molestia, indignación, agravio.

Hay una gran diferencia entre el enojo y la ira. El enojo es más pasivo, la persona tiende a mantener internamente el sentimiento sin manifestarlo a lo demás, a diferencia de la ira que se expresa abiertamente. Es posible que la actitud y el semblante de quien se enoja cambien, pero en la mayoría de los casos no son percibidos por quienes la rodean, a menos que la persona exprese su molestia o enojo. La ira es violenta, el enojo es pasivo.

El enojo viene casi siempre cuando sentimos que se nos ha faltado el respeto, o que nuestros derechos han sido violados.

No importa lo que te hayan enseñado, sentirte enojado o enojada no es algo malo; por el contrario, si no nos permitimos enojarnos, las emociones negativas se irán acumulando en nuestro interior hasta que un día explotemos.

El enojo es un sentimiento, un movimiento del ánimo, dado por Dios como respuesta a una injusticia. Números 14:18 nos revela que Dios es *"tardo para la ira y grande en misericordia"*. No dice que Dios no se aíra, sino que en medio de esa emoción, Él extiende su misericordia. De igual manera y siguiendo el ejemplo de nuestro Señor, nosotros debemos practicar esta ley espiritual y extender nuestra misericordia hacia aquellos que nos han ofendido.

4- Los gritos

La cuarta característica de las ofensas son los gritos. Estos consisten en levantar la voz fuera de lo normal y vienen acompañados de furia. La ira y los gritos van por lo general de la mano, nunca andan solos sino "acompañaditos como buenos amigos".

Algo muy común son los padres que les gritan a sus hijos, en especial cuando sienten que no han sido oídos o respetados.

Esto también lo vemos en muchas parejas y se debe, en primer lugar, a que internamente sienten que no se los comprende y piensan (erróneamente) que si levantan la voz, la otra persona entrará en razones. Lo cierto es que, por lo general, obtienen el efecto contrario.

En segundo lugar, indica separación emocional; cuando hay cercanía física y emocional, no gritamos sino que susurramos. Aunque tú no lo creas, en mi vida matrimonial no han habido gritos y creo que se debe, en primer lugar, a que mi esposo y yo somos comunicadores. Por ese motivo, siempre nos sentamos, analizamos el problema y buscamos su raíz.

Otra razón para la falta de gritos puede ser que mi esposo no habla español y, aunque yo hablo el inglés (¡como latina al fin!), no tengo esa pasión por gritar sino en español.

Por último, los gritos también son usados como un mecanismo para tomar el control de una situación. Esto es muy común en personas inseguras que, por medio de los gritos y la violencia, ocultan su inseguridad.

Los gritos son una alarma de que algo anda mal, no tan solo para el oyente sino también para la persona que está gritando. De manera que presta atención y busca la solución más apropiada, si te das cuenta de que esto ocurre a menudo en tu hogar y en tu vida personal y deseas revertir la situación.

5- Las calumnias

La última y quinta característica de las ofensas son las calumnias. Esto sucede cuando atribuimos falsamente actos a otra persona que no son ciertos, o cuando no contamos con prueba alguna. Es fácil identificar las calumnias porque las podemos ver siempre en frases que comienzan con expresiones tales como "yo creo", "me parece", "me imagino": "Yo creo que él no te quiere"; "a mí me parece que ella te está ignorando"; "yo me imagino que llegará tarde, como de costumbre".

El propósito y resultado final de la calumnia es levantar falso testimonio y difamar a la otra persona, dañando su reputación. Esto lo podemos observar entre parejas divorciadas, cuando el padre o la madre asumen el motivo de las actuaciones del ex cónyuge, delante de los niños. Por ejemplo, alguien puede decir: "Yo creo que tu mamá los manda para acá para deshacerse de ustedes". Cuando en realidad no existen pruebas de tal hecho.

Uno de los Diez Mandamientos, que se encuentran en el libro de Éxodo, capítulo 20, nos dice que no levantemos falso testimonio.

¿Te has identificado con una o más de las características anteriores? De ser así, sigue leyendo porque, a continuación, vamos a aprender cómo lidiar y evitar estas ofensas. Más adelante en este libro, examinaremos cómo enfrentar cada una de estas características de las ofensas en nuestras vidas.

ACTIVIDAD

Bajo las siguientes características y los sentimientos y acciones que has reconocido, coloca los nombres que escribiste en el ejercicio del capítulo anterior:

Amargura

_____

_____

_____

_____

_____

_____

_____

_____

_____

_____

Ira

_____

_____

_____

_____

_____

_____

_____

_____

_____

_____

Enojo

_____

_____

_____

_____

_____

_____

_____

_____

_____

Gritos

_____

_____

_____

_____

_____

_____

_____

_____

_____

_____

Calumnias

_____

_____

_____

_____

_____

_____

_____

_____

_____

_____

PARTE **3**

Mas si no perdonáis a los hombres sus ofensas,
tampoco vuestro Padre os perdonará
vuestras ofensas.
Mateo 6:15

¿CÓMO Y CUÁNDO OCURREN LAS OFENSAS?

Ya que hemos identificado las características de las ofensas, pasaremos ahora a ver cómo y cuándo estas ocurren.

De esta manera, estaremos agregando artillería a nuestro arsenal para eliminarlas y evitarlas en nuestras vidas.

Expectativas insatisfechas

Las ofensas tienen lugar cuando nuestras expectativas no han sido satisfechas. Expectativa es aquello que esperamos en nuestro interior, ya sea un evento o, en el caso de las ofensas, el acto de otra persona hacia nosotros.

En el libro de Charles Dickens, *Grandes Esperanzas*, leemos la historia de la Srta. Havisham. En el día de su boda, su prometido la deja plantada en el altar y desaparece llevando consigo gran parte de la fortuna de ella. Desde ese momento, ella manda detener todos los relojes de la casa a la hora exacta en que fue dejada en el altar, y vive el resto de su vida vestida con el traje de novia.

La Srta. Havisham tenía grandes expectativas, no tan solo de su novio sino también de la vida, y cuando ocurre este acontecimiento tan devastador, además de quedar traumatizada, toma como tarea el dañar a otros jóvenes. Ella adopta a una joven muy hermosa y, en forma maligna, hace que jovencitos se enamoren de ella para luego separarlos. Las expectativas insatisfechas de la Srta. Havisham la movieron a destruir el corazón de otros, y la mantuvieron cautiva hasta el día de su muerte.

Al igual que el personaje de esta obra clásica, muchas de nuestras ofensas vienen a nuestras vidas como resultado de aquello que esperamos que ocurra, lo cual no necesariamente es parte de la realidad, cuando recibimos todo lo contrario de lo que esperábamos.

Por ejemplo, para tu cumpleaños tú te esmeraste en hacer y entregar a tiempo las invitaciones, decoraste la casa, preparaste la comida y finalmente todos llegaron, disfrutaron y se fueron dejándote con la casa patas para arriba... ¡y a ti sumamente ofendida por ello! Cuando en realidad, en ningún momento, tú indicaste o solicitaste ayuda para limpiar y organizar la casa después de la fiesta.

Otro caso es cuando tú les dices a tus hijos adolescentes que organicen su habitación y, al regresar del trabajo, te encuentras con que todo está tirado en el mismo estado que cuando te fuiste por la mañana. Entonces, comienzas a dar gritos, ofendida porque sientes que te han faltado el respeto. Cuando en realidad, tú no fuiste específica con respecto a cuándo querías las habitaciones arregladas y, seamos sinceros, ¡con los adolescentes hay que ser muy claro!

Ahora bien, si miramos bien de cerca la ofensa no fue por el tiradero, sino por la falta de respeto o valorización y, posiblemente, otras frustraciones que tú sentías o debido a un día muy pesado en el trabajo. Además, tú esperabas aquello que no le has enseñado a tus hijos: organización, algo que aparentemente no han aprendido.

De la misma manera ocurre cuando tú le haces regalos costosos a toda tu familia el día de Navidad, para un cumpleaños y otras ocasiones, y a cambio recibes un simple feliz Navidad o feliz cumpleaños. La ofensa vino porque tú estabas esperando algo de parte de la otra persona que nunca llegó. Tú mismo estableciste esas expectativas por las que terminaste ofendido.

Una y otra vez, nos sentimos ofendidos con la cajera en el supermercado, la espera en el consultorio médico, lo mucho que tardaron en respondernos un correo electrónico, cuando en realidad cada una de estas ofensas puede ser controlada o evitada si tan solo cambiamos nuestro nivel de expectativa.

No me mal interpretes, es bueno tener expectativas y exigir el respeto de los demás, pero si tú sabes que te van a hacer esperar en la oficina del médico, o en la cola del supermercado, cambia tu expectativa… ¡o cambia de médico y de supermercado!

Si tomamos tiempo para evaluar cada situación y establecemos niveles realistas de expectativas, eliminaremos y evitaremos muchas ofensas en nuestras vidas.

Falta de comunicación

Otro medio por el cual llegan las ofensas a nuestras vidas es la falta de comunicación. Sabemos que comunicarnos consiste en transmitir, notificar e intercambiar información.

Cuando no transmitimos con exactitud aquello que deseamos, la otra persona no tiene una idea clara de lo que se espera de él o de ella y, nuevamente, cuando alguien no cumple con nuestras expectativas nos ofendemos. Estas ofensas tienen lugar por falta de comunicación de parte de nosotros mismos.

En el caso del consultorio médico, es necesario que tú seas claro, en forma cortés, del servicio que estás esperando. De igual manera, si tú le das permiso a tu hijo adolescente para ir al centro comercial pero no eres específico en cuanto a la hora de regreso, esa ofensa no tiene peso porque tú no te comunicaste con claridad. Si entras en una relación de negocios, sé claro con tu socio. Sé claro con tu amigo o amiga, tu esposo o esposa, tus familiares y demás personas en tu vida.

Si aprendemos a comunicar claramente lo que esperamos de los demás, evitaremos cientos de ofensas y menos relaciones serán destruidas.

En su mayoría, las empresas ofrecen un día de orientación cuando uno inicia su labor con ellos. Durante esta orientación, se nos indican las reglas, el procedimiento y los beneficios de la compañía. Ellos son muy específicos en cuanto a lo que esperan de nosotros y sabemos que, cuando no cumplimos con estas reglas y estos procedimientos, la empresa tiene todo el derecho a despedirnos.

Por lo tanto, no debemos ofendernos si nos encontramos en esta posición, porque se nos comunicó durante el entrenamiento lo que se esperaba de nosotros.

Por ahí hay un dicho que dice: Cuentas claras, amistades largas. Sé claro, comunica bien lo que estás esperando, y así eliminarás muchas ofensas de tu vida.

Baja autoestima

Las ofensas también suceden cuando la autoestima de la persona es baja. La autoestima es el valor que nos damos, el aprecio y la consideración que sentimos por nosotros mismos. Esta valorización no viene tan solo de nuestros atributos o triunfos, sino también de reconocer quiénes somos en verdad como individuos y dentro del Cuerpo de Cristo.

La persona con baja estima tiende a buscar valorización y aceptación de los demás todo el tiempo, y cuando esto no ocurre se siente ofendida. La falta de identidad propia, el no saber quién es y cuál es su propósito en la vida, la hace anhelar con desesperación la aprobación externa, y toda vez que no la reciba se sentirá herida.

Ese fue el caso de Naamán en 2 Reyes 5. Él se sintió ofendido cuando el profeta no salió a recibirle, sino que envió al criado con un mensaje. Naamán, aunque era un general del ejército, estaba hambriento de valorización de parte de los demás porque su estima era baja.

La persona que tiene una autoestima baja tiende a ofenderse muy frecuentemente y con facilidad, ya que asume o llega a conclusiones falsas de las actitudes de los demás y comienza a calumniar. Las calumnias siempre son un resultado del nivel de autoestima.

El individuo asume que no le

respondieron al mensaje de texto o correo electrónico porque la otra persona no quiso hacerlo, cuando puede ser que el correo electrónico se haya ido al archivo de basura, o que la persona esté fuera del área de cobertura y no pueda recibir mensajes en ese momento.

La persona con la autoestima baja vive en una constante paranoia que no le permite ver con claridad la realidad de las cosas. Y una vez ofendida (con o sin razón alguna), ofende y hiere a otros en respuesta.

Pérdida de control

Por último, las ofensas llegan cuando sentimos que hemos perdido el control sobre una situación. Cuando tenemos control, tenemos dominio, autoridad y disfrutamos de independencia y libertad.

Génesis 1:26-27 nos indica que Dios nos creó a su imagen y semejanza con el atributo de dominar, de señorear. Por esta razón cuando perdemos control de ciertas áreas en nuestras vidas, nos sentimos ofendidos.

Cuando se produce el abuso, ya sea físico, sexual o emocional, en ese momento tú pierdes control, no tienes dominio de la situación y de las circunstancias, te sientes impotente y, por tanto, se genera la ofensa. En este caso, una ofensa devastadora.

Otro ejemplo de esto es cuando hay adulterio en la pareja. Primeramente, las expectativas fueron rotas y, en segundo lugar, la persona que ha sido engañada siente que ha perdido el control.

Al perder control llega la ira, el enojo, la amargura, los gritos; manifestándose así todas las características de las ofensas.

Una cadena

Si ponemos todo lo que hemos examinado hasta ahora en contraste, vemos que es como una cadena. En primer lugar, por su bajo nivel de autoestima la persona tiene expectativas muy altas con respecto a los demás, las cuales no comunica claramente; pierde así el control o el dominio de la situación, lo cual le produce enojo, ira, gritos y amargura que la llevan a la calumnia.

ACTIVIDAD

En las siguientes categorías coloca aquellos acontecimientos que escribiste en la actividad de la primera parte, dándoles así una razón para la ofensa:

Expectativas insatisfechas

_____

_____

_____

_____

_____

_____

_____

_____

_____

_____

Falta de comunicación

_____

_____

_____

_____

_____

_____

_____

_____

_____

_____

Baja autoestima

_____

_____

_____

_____

_____

_____

_____

_____

_____

_____

Pérdida de control

_____

_____

_____

_____

_____

_____

_____

_____

_____

_____

En este punto de los ejercicios, ya debes haber
determinado cuáles de estas ofensas tienen base
y estás listo para trabajar en ellas.

Delilah Crowder   Evitando & Lidiando con las Ofensas

PARTE 4

Y por esto procuro tener siempre una conciencia
sin ofensa ante Dios y ante los hombres.
Hechos 24:16

LIDIANDO CON LAS OFENSAS

En los capítulos anteriores definimos qué son las ofensas, vimos cada una de sus características y cómo estas llegan a nuestras vidas. Ahora que tenemos un entendimiento más claro y que hemos podido hasta aquí identificar algunas ofensas personales, tomemos responsabilidad de nuestras emociones y

69

trabajemos para eliminar esas ofensas de una vez por todas de nuestras vidas.

En la carta a los Efesios 4:31-32 leemos: *Abandonen toda amargura, ira y enojo, gritos y calumnias, y toda forma de malicia. Más bien, sean bondadosos y compasivos unos con otros, y perdónense mutuamente así como Dios los perdonó a ustedes en Cristo.* Lo primero que debemos hacer con nuestras ofensas es perdonar. Perdonar consiste en tolerar, comprender, tener compasión y libertar a la otra persona de la culpa.

Aquí en la Carta del Apóstol Pablo a la Iglesia de Éfeso, cuando se nos dice que "abandonemos" se nos llama a deshacernos del sentimiento, pero en libertad de espíritu, es decir por libre elección. Sin resentimientos ni venganza. Cada vez que somos ofendidos (y lo seremos en muchas ocasiones a lo largo de nuestra vida), tenemos la libertad de elegir cómo vamos a reaccionar. Si vamos a albergar rencor y deseos de pagar "mal por mal", o vamos a resistir el enojo y a decidir perdonar.

Algunas personas expresan que han sido heridas de tal manera, que encuentran imposible perdonar. Pues, déjame decirte que el perdón no consiste en un sentimiento, sino en la libre elección de soltar la ofensa y al ofensor lo cual trae como resultado la libertad. Ya sea que lo sintamos o no, todos podemos perdonar porque tenemos al Espíritu Santo que mora en nosotros y nos capacita para hacerlo.

A continuación veamos cuatro pasos a seguir para lograr este objetivo:

1- Empezar con uno mismo

En Mateo 22 se nos exhorta a amar a nuestro prójimo como a nosotros mismos, y para amar a otros primero tenemos que aprender a amarnos a nosotros mismos. Esto no es orgullo ni soberbia, sino un requisito fundamental para lograr ser todo aquello para lo cual fuimos creados.

Este amor por nosotros mismos es desarrollado a medida que trabajamos con nuestro mundo interior, con nuestros pensamientos, creencias y emociones en nuestra relación con Dios. Necesitamos identificar quiénes somos, nuestro propósito y nuestros sueños en la vida.

Este proceso es, en su mayoría, largo y puede resultar muy doloroso para alguien que ha sido víctima del abuso, pero es necesario para poder llegar a amarnos a nosotros mismos de manera sana y equilibrada.

Ten en cuenta cuán importante es el amarnos a nosotros mismos que Jesucristo dijo que toda la ley y los profetas se resumían en esta ley, y en amar a Dios con todo tu corazón y con toda tu alma.

El autor de los Proverbios dijo que "sobre todas las cosas guarda tu corazón porque de él mana la vida". Es en nuestro corazón donde nacen los sueños, los propósitos, los deseos de luchar; es en nuestro corazón donde encontramos motivos para triunfar, donde amamos pero también odiamos.

Es por ello que debemos cuidarlo y prestarle atención. Es hora de trabajar en nosotros mismos, de descubrir por qué hacemos o reaccionamos de la forma en que lo hacemos y de entrar y arrancar de raíz la amargura, el enojo, la ira, los gritos y las calumnias. ¿Te animas a hacerlo? Te aseguro que vale la pena.

2- Desechar la ira, el enojo y los gritos

La ira, el enojo y los gritos son pasiones y emociones intensas que se inician con una frustración y pueden terminar en una furia severa. Esta puede durar unos segundos, como también años. Aunque no nos demos cuenta, hay personas que viven toda su vida con una intensa furia reprimida. El tener estos sentimientos no es un pecado, como mencionamos al comienzo de este libro; es lo que hacemos con tales sentimientos lo que nos puede llevar a pecar.

Cada uno de nosotros reaccionamos con ira, enojo o gritos cuando percibimos que se nos ha tratado injustamente, se nos ha hecho un daño o se nos ha ofendido.

Podemos eliminar o evitar estos sentimientos, primeramente identificando qué es lo que los provoca en nuestras vidas; y una vez que lo hemos identificado, manteniéndonos lejos hasta que hayamos aprendido a mantener la ira, el enojo y los gritos bajo control.

Si el hablar con tu ex pareja provoca gritos, sería recomendable que por un tiempo evites las llamadas telefónicas y busques otro medio de comunicación, tales como los mensajes de texto y los correos electrónicos.

¡Recuerda que a la única persona que puedes controlar y cambiar es a ti mismo!

Una de las personas que abusaron de mí, durante mi infancia y parte de mi juventud, sigue siendo parte cercana de mi vida. Y aunque la perdoné y ya no hay abuso físico, esta persona continúa trayendo abuso emocional a mi vida. Creo que lo hace de manera inconsciente, debido a que no ha habido una sanidad emocional completa en su vida. Pero aunque me costó mucho tiempo el entenderlo y aceptarlo, aprendí que yo solo me puedo cambiar a mí misma y puse límites de comunicación entre nosotros.

A pesar de que nuestra cultura latina enseña lo contrario, pues nos anima a poner a los demás en primer lugar antes que a uno mismo como una señal de humildad, yo me dejo regir por la Palabra de Dios la cual me dice que me debo amar a mí primero; y que si mi hermano me ofende lo llame aparte y busque testigos, pero que si persiste en lo mismo ponga separación entre él y yo. Esta es una manera de respetarnos y cuidarnos a nosotros mismos.

Ten presente que aunque Dios nos llama a perdonar setenta veces siete en un día (esto equivale a cuatrocientas noventa veces diarias),

Él no nos pide que vivamos bajo abuso, sin importar de dónde y de quién venga.

El segundo paso para controlar la ira, el enojo y los gritos es tomarnos un receso, lejos de la persona o la situación, hacer ejercicios de respiración y escribir todo aquello que deseamos decirle. También es recomendable designar a alguien de confianza, a quien tú puedas acudir en momentos como estos, y que esta persona te pueda dar consejos saludables como un líder espiritual, un pastor o un consejero.

Por último, y más importante, ve a Dios en oración y sinceridad buscando ayuda y guianza al respecto.

3- Desechar la calumnia

La calumnia revela o sensacionaliza información privada de individuos. La calumnia es la esposa del chisme y suele ser maliciosa e hiriente. Su propósito es levantar cargos falsos que dañen la reputación de otra persona. Es una señal clara del estado emocional de quien calumnia a otro y de su bajo nivel de autoestima, ya que degradando a alguien se siente superior.

En Génesis 3 encontramos a Satanás levantando calumnia contra Dios, y hoy continúa haciendo lo mismo con nosotros, susurrando falsedades en nuestros oídos.

De acuerdo con Éxodo 20:16, la calumnia es un pecado: *No hablarás contra tu prójimo falso testimonio.*

Lo primero que tenemos que hacer para deshacernos de la calumnia es reconocerla, arrepentirnos y buscar el perdón de parte de Dios. Una vez que hayamos hecho esto, pidamos al Señor su fortaleza para no volver a caer en lo mismo.

En segundo lugar, para deshacernos de la calumnia tenemos que buscar la raíz y nuestra intención detrás de esta. Ya sabemos que una de las razones es que nos sentimos ofendidos y dolidos, por ese motivo sería aconsejable que analizáramos la ofensa desde un ángulo diferente.

Tercero, lo cual se repite en todas las áreas, buscar consejería profesional de un líder o un pastor. Una persona neutral que no esté directamente involucrada con la situación será capaz de brindarte consejos mucho más prácticos de manera totalmente objetiva.

Y por último, guardar silencio. ¡Y esto se aplica especialmente para las mujeres!

Proverbios 10:19 dice: *En las muchas palabras no falta pecado*. Si no tienes control de tus palabras, mantente lejos de las personas y los medios que te puedan llevar a calumniar.

4- Desechar la amargura

En el libro de Génesis encontramos la historia de Esaú y Jacob, de cómo este último le robó la bendición a su hermano. Tal acción fue una razón suficiente para que Esaú dejara crecer una raíz de amargura en contra de Jacob, durante los años que estuvieron separados. Pero sin embargo lo encontramos, en el capítulo 33, abrazando y besando a su hermano cuando se encontraron después de mucho tiempo de no verse las caras.

La vida trae situaciones que nos hacen sentir que hemos sido robados de lo que nos pertenecía, cosas tales como derechos, posiciones y bienes materiales. Y tales circunstancias pueden crear raíces de amargura en nuestros corazones, aun sin que nos percatemos de ello. Sin embargo, debemos trabajar para deshacernos y arrancar de raíz ese sentimiento tan destructivo.

En primer lugar, podemos deshacernos de la amargura si libremente aceptamos reconocer que hay una raíz de amargura en nuestra vida. Esto no tiene que ser necesariamente de manera pública, pero es fundamental para que lleguemos a alcanzar la libertad total. Recuerda que no se puede vencer aquello que no se reconoce primero. Para cambiar debemos ser conscientes de que necesitamos un cambio.

Segundo, algo que puede resultar difícil para algunas personas, tenemos que perdonar a aquellos que nos han hecho mal (en la próxima parte de este libro analizaremos el tema del perdón en más detalle).

Por último, debemos estar satisfechos con lo que tenemos. En el Evangelio de Lucas, capítulo 15, encontramos al hijo mayor de la casa lleno de resentimiento y amargura por la insatisfacción en su vida. Él lo tenía todo, pero a pesar de ello solo estaba concentrado en lo que se le había otorgado a su hermano que no hizo más que dilapidar la herencia paterna.

De igual manera, puede ocurrir que la amargura no te permita ver las bendiciones que tienes en tus manos y cómo todas esas pruebas por las que has pasado, las cuales insistes en seguir recordando, han obrado para bien en tu vida. Te animo a concentrarte en todo lo bueno que el Señor ha derramado sobre ti y los tuyos, antes que en tus carencias y dificultades.

Cuando Pablo se encontró de repente en la cárcel en Roma, tenía todo el derecho de amargarse; sus compañeros de milicia lo habían abandonado, de modo que podría haber dicho: "¿Dónde está Dios en todo esto?". No obstante eso, él aprovechó la oportunidad para predicar el evangelio de Jesucristo a los soldados romanos y no dio lugar a la amargura en su vida.

Echando fuera todo legalismo

En Mateo 7:3 se nos pregunta: *¿Por qué te fijas en la astilla que tiene tu hermano en el ojo, y no le das importancia a la viga que está en el tuyo?* En otras palabras: "¿Y tú, qué? ¿Qué papel tomaste en el asunto?". Como diría mi suegro: "Hay tres versiones: la verdad de él, la verdad de ella y la verdad". ¿O te quieres lavar las manos como Pilato?

En el drama de tu vida, tú jugaste un papel protagónico. En esta ocasión, no me refiero a si fuiste abusado o maltratado sino a otras situaciones en las cuales pusiste tu granito de arena.

Todos lo hacemos. ¿O es que siempre eres el bueno de la película? De ser así, tu culpa ha consistido en no tomar responsabilidad por tu propia vida y dejarte maltratar por los demás. Hay situaciones que no pudimos evitar, pero hubo otras en las cuales nos metimos de cabeza.

Así que es hora de que tomemos responsabilidad y reconozcamos nuestro aporte al asunto; de esta manera podremos evitar y eliminar las ofensas en nuestras vidas para siempre.

ACTIVIDAD

Haz un repaso de los acontecimientos que escribiste en la primera parte y anota tu aporte o participación en el asunto.

1.

_____

_____

_____

_____

_____

_____

_____

_____

_____

_____

2.

_____

_____

_____

_____

3.

4.

_____

_____

_____

_____

_____

5.

_____

_____

_____

_____

_____

_____

_____

_____

_____

_____

PARTE 5

Confesaos vuestras ofensas unos a otros.
Santiago 5:16

EL PERDÓN: ¿QUÉ ES Y QUÉ NO ES?

La falta de perdón incluye resentimiento, amargura, odio, hostilidad, ira, miedo y estrés hacia un individuo en particular, el cual nos ha agredido de alguna manera u otra. Es como un cáncer que va consumiendo nuestra alma. El perdón ocurre cuando, a través de nuestra decisión de soltar, nuestros sentimientos cambian y son transformados.

El perdonar no significa que estamos declarando que nada malo ha sido hecho hacia nosotros y que tal actitud es aceptable. Por el contrario, el perdón no disminuye el daño que hicieron en contra de nosotros y tampoco es una negación de que haya ocurrido una agresión. Tampoco elimina las consecuencias que la otra persona debe enfrentar debido a su accionar o su pecado.

La clave está en "tomar la decisión" (enfatizo esto) de dejar ir esos sentimientos para que no continúen hiriéndonos en el futuro. Se trata de abandonar los deseos de herir, a cambio, a la otra persona, de cancelar la deuda. Es un proceso difícil e incómodo, para algunos individuos más que para otros según el grado en que hayan sido heridos; pero con la ayuda de Dios y la guianza de consejeros y líderes, podemos completarlo.

Cuando tomamos la decisión de perdonar, Dios nos da la gracia y las fuerzas para hacerlo y mantenernos en esa actitud. El perdonar no demuestra debilidad sino que es uno de los actos más poderosos y valiosos que podemos llevar a cabo en nuestras vidas. Se necesita valor para perdonar.

Pero si nos negamos a hacerlo, le estamos dando licencia a Satanás para que continúe hiriéndonos; el perdón destruye así el poder destructor del diablo en nuestras vidas.

Reconciliación vs. Perdón

El perdón no garantiza que haya reconciliación. Para que esta ocurra, se necesitan dos personas; mientras que el perdón solo requiere de una persona: uno mismo. En 2 Samuel 14:33 leemos que a pesar del intento de David por reconciliarse con Absalón, no hubo arrepentimiento ni cambio de corazón en él y, eventualmente, trató de quitarle el trono a su padre David (ver 2 Samuel 15).

El perdón no depende de las acciones presentes de la otra persona, o de una condición probatoria. Por ejemplo, alguien puede decir: "Te perdono, siempre y cuando dejes de actuar de esa manera". El perdón no requiere que seamos humillados o que permitamos que el ofensor nos continúe hiriendo. Y esto es algo que debemos tener bien en claro porque, de lo contrario, podríamos caer víctimas de la culpa o la manipulación y permitir que abusen de nosotros nuevamente.

El perdón es un regalo que tú le estás dando a la otra persona. La confianza debe volverse a ganar y es muy recomendable que tú establezcas límites, reglas y, en algunos casos, hasta distancia como ya lo hemos mencionado.

No esperes que la otra persona se arrepienta para perdonar, nuevamente te repito que el perdón es un regalo hacia el ofensor y hacia uno mismo. Cuando perdonamos estamos confiando en que Dios tome el control, no tan solo del asunto en cuestión sino de nosotros y nuestros sentimientos heridos.

El perdonar es ponernos en el lugar de la otra persona, es reconocer en humildad de espíritu nuestras propias debilidades y naturaleza pecaminosa, es estar agradecidos de que Dios nos perdonó a nosotros primero por medio de Jesucristo y su obra en la cruz del Calvario. Ese ya debería ser un motivo suficiente para perdonar, sobre todo cuando nos es difícil hacerlo.

Razones para perdonar

La primera razón para perdonar es que el perdón nos liberta para poder seguir adelante con nuestras vidas. Recuerda que la falta de perdón trae resentimiento, odio y amargura, entre otras cosas, y estos sentimientos nos pueden llevar a una cautividad emocional que puede terminar destruyendo las otras relaciones en nuestras vidas.

La segunda razón para perdonar es quitarle el poder y el control a la otra persona sobre tu vida. Mientras tú no perdonas, te guste o no, estás cediendo el control. La falta de perdón no hiere al ofensor sino a uno mismo.

Por último, debemos perdonar porque si no lo hacemos corremos el riesgo de convertirnos en personas amargas; el perdón nos protege para no llegar a ser como la persona que nos hirió.

Dios y el perdón

En Marcos 11:26 Jesús dijo: *Porque si vosotros no perdonáis, tampoco vuestro Padre que está en los cielos os perdonará vuestras ofensas.* En otras palabras, el perdón de Dios hacia nosotros está relacionado con la manera en la que nosotros perdonemos a los demás.

Cuando otros nos ofendan, tengamos presente cuán grande ha sido la misericordia y el perdón de Dios hacia nosotros. Si nos negamos a perdonar a los demás, estamos mostrando que no tenemos aprecio por el perdón que hemos recibido de parte del Señor.

A través de la parábola de la oveja perdida, que se encuentra en Mateo 18:21-35, Jesús claramente describe el perdón y el amor. Él nos exhorta a reconciliarnos y nos dice que el perdón debe ser sin límites.

Al perdón muchas veces se lo caracteriza como un deber cristiano, sin embargo, este no se debe practicar por deber sino por amor.

El deseo de venganza puede ser tan poderoso que solo con el amor de Dios podemos combatirlo. En Génesis 45, encontramos la historia maravillosa del momento en el que José se da a conocer a sus hermanos, quienes lo habían vendido y lo habían separado de su familia durante años por celos y resentimiento. Esta nos enseña cómo se debe perdonar. Se perdona a través del amor que demostramos, a pesar de las ofensas y las heridas, y no a través de quitarle importancia a lo sucedido.

Manteniendo el perdón

Cuando la culpa por nuestros pecados pasados viene a torturarnos, nos acordamos de lo que Dios nos dice a través del profeta Isaías, en el capítulo 43, versículo 25: *Yo, yo soy el que borro tus rebeliones por amor de mí mismo, y no me acordaré de tus pecados.* Así nosotros, de igual manera, debemos no tan solo perdonar sino también olvidar y no traer más a la memoria la transgresión.

Debemos mantener el perdón aun cuando la duda se levanta.

Recuerda: el perdonar es una decisión, no un sentimiento. Consiste en amarnos a nosotros mismos y determinar cada día el mantenernos completamente libres de odio, resentimiento o amargura para vivir la vida de propósito a la que cada uno de nosotros ha sido llamado.

ACTIVIDAD

Escribe el nombre de cada una de las personas que mencionaste en la primera parte y tómate un tiempo para, ya sea en forma personal o por escrito, perdonarlas.

1.

_____

_____

_____

_____

_____

_____

_____

_____

_____

2.

_____

_____

_____

_____

_____

_____

_____

_____

_____

_____

3.

_____

_____

_____

_____

_____

_____

_____

_____

_____

_____

4.

_____

_____

_____

_____

_____

_____

_____

_____

_____

_____

5.

_____

_____

_____

_____

_____

_____

_____

_____

_____

PARTE 6

OFENSAS DEVASTADORAS

Entre las ofensas devastadoras se encuentran:

- *el abuso sexual, verbal y emocional,*
- *el abuso físico y mental y*
- *el abuso religioso o espiritual.*

El tema del abuso ha sido un tabú, hasta ahora. Por fortuna, hoy en día hombres y mujeres encontramos la valentía para hablar abiertamente y traer información a las masas y, de esta manera, atacar cara a cara estos actos tan horrorosos.

Los expertos nos dicen que entre un 10 y 20 % de personas han sufrido algún tipo de abuso. Ponte a pensar, en un grupo de 500 personas, aproximadamente 100 de ellas han sido abusadas. En una reunión de jóvenes de 20 asistentes, dos o más han sido abusados. En una oficina de 50 empleados, cinco han sido víctimas de alguno de los abusos antes mencionados. Y lo que es aún peor, puede ser que entre este número, alguno de ellos esté pasando por la misma situación en este preciso momento.

Estas cifras alarmantes nos indican que, cada día, millones de personas viven sus vidas a través del lente del abuso. Es por ello que a diario vemos más y más familias disfuncionales, individuos con dificultad para salir adelante en la vida, sumergidos en el alcoholismo, las drogas y todo tipo de adicción que prometa acallar las voces que los atormentan.

Llenos de odio, amargura, baja estima y, en algunos casos, dificultades sexuales o la habilidad para sostener cualquier tipo de relación con otras personas. En su mayoría, las víctimas de abuso no pueden vivir vidas normales al menos que reciban ayuda profesional y espiritual.

El ser abusado es ser tocado por el maligno, lo cual trae consecuencias impactantes. Tal impacto varía de caso en caso y de persona a persona, dependiendo del tipo de abuso, la relación con el agresor y la duración de tal abuso.

De igual manera, el abuso daña nuestras emociones trayendo dolor, ira, temor y sentimientos de culpabilidad que pueden gobernar nuestras vidas por completo.

El abuso tiene un impacto tan grande y profundo que daña también el espíritu de la persona, afectando su habilidad y su forma de relacionarse con Dios. Este, muchas veces, roba a la persona de toda esperanza y le crea una desconfianza hacia otros, incluso Dios, afectando su nivel de fe.

Ten presente que en el libro del profeta Habacuc se nos dice que "el justo por su fe vivirá"; es la fe del individuo la que hace que se acerque al Señor, tenga comunión con Él y camine en las promesas divinas. Si la persona, debido al abuso que sufrió, ha desarrollado desconfianza hacia otros y ha perdido la esperanza, en consecuencia tendrá dificultad en su caminar como creyente.

Es necesario que todo líder tenga este conocimiento presente a la hora de trabajar con las personas.

En el ambiente cristiano tenemos la tendencia a tratar de resolver todo simplemente con la oración, y aunque esta es una de la armas más poderosas del creyente y debe ser el primer recurso a tomar, el poder llevar a tales individuos a que alcancen un nivel de fe saludable conllevará otros recursos, medios y procesos.

No estoy hablando desde un punto de vista teórico sino por propia experiencia. Antes de cumplir mis 6 años de edad, ya había sido abusada sexualmente, acto que se repitió en varias etapas de mi vida. Para agregar insulto al agravio, durante la edad de 9 años hasta los 15 años fui abusada diariamente física, verbal y emocionalmente. Por último, experimenté el abuso espiritual o religioso.

Puedo decir que el camino ha sido largo y doloroso, y hubo momentos en los cuales desfallecí, pero el amor indescriptible de Dios y la gracia redentora de nuestro Señor Jesucristo me han sanado, restaurado y transformado totalmente.

Hoy soy capaz de declarar que "las cuerdas me cayeron en lugares deleitosos y es hermosa la heredad que me ha tocado". Porque fue a través de la guianza del Espíritu Santo y de líderes espirituales y consejeros, juntamente con mucha oración y ayuno, que pude alcanzar esta libertad.

¿Qué hacer con las ofensas devastadoras?

El primer paso que tenemos que tomar es enfrentar y admitir la realidad de los acontecimientos que nos ocurrieron. La negación es un mecanismo de defensa de la mente que consiste en enfrentar los problemas negando su existencia, porque en lo profundo de nuestra alma deseamos que no sean reales.

Pero mientras más tiempo negamos la realidad, más crece la angustia interna que anula nuestro crecimiento y crea barreras que impiden que Dios actúe en nosotros.

El salmista en el Salmo 32:3 declara: *Mientras callé, se envejecieron mis huesos.* El silencio lo consumía de día y de noche. De igual manera, hay individuos a quienes el silencio los consume y no les permite vivir vidas victoriosas ni fructíferas.

Dios te extiende su mano, abre tu corazón a Él y recibe esa vida abundante que nos promete en su Palabra. Por muchos años, yo callé mi abuso y no fue hasta que comencé a hablar abiertamente de ello, y a trabajar conmigo misma con la ayuda adecuada, que la sanidad interna llegó a mi vida.

Segundo, debemos darnos permiso para llorar. Las emociones fueron dadas por Dios, yo las llamo "termómetros" que nos indican en qué condición se encuentra nuestro corazón. Date permiso para sentir el dolor y el daño que ha llegado como consecuencia del abuso que recibiste. ¡Es tu derecho!

Tercero, debemos depender y rendirnos totalmente a Dios para poder alcanzar la sanidad y la recuperación total. Una de mis escrituras favoritas se encuentra en Juan 10:10: *El ladrón no viene sino para hurtar y matar y destruir; yo he venido para que tengan vida, y para que la tengan en abundancia.* Por muchos años fui robada de esa vida abundante, pero gracias doy a Dios que hoy puedo decir que estoy caminando en abundancia de paz y amor.

El cuarto paso a seguir con las ofensas devastadoras es el buscar ayuda de profesionales en el asunto y de otros líderes. Estas personas tienen experiencia y te guiarán en forma sana para que puedas lidiar con el abuso y triunfar sobre este.

Por último, y no me canso de repetirlo, es fundamental perdonar. Recuerda que, como ya lo hemos dicho, la falta de perdón nos llena de resentimiento, amargura, odio, hostilidad, ira y miedo. Es como un cáncer que va consumiendo nuestra alma. Y tú y yo hemos sido especialmente diseñados y creados para vivir una vida que nos lleve cada día de triunfo en triunfo. ¿Te atreves a tomar lo que te corresponde?

PALABRAS FINALES

Antes de terminar este libro, quiero que sepas que Dios me envió para anunciarte que este es tu tiempo de salvación y liberación. Si estás triste, debes saber que en Dios hay consolación, Él está dispuesto a cambiar tu lamento en baile y a llenar tu vida de victoria. No te preocupes por aquellos que te hicieron daño, no busques tu propia venganza; la venganza pertenece a Jehová y Él promete pagarte llenando tu vida de dobles bendiciones por todo lo que tuviste que pasar.

Es mi oración que las palabras de este libro te ayuden a llegar a ese lugar…

BIOGRAFÍA

La Pastora y autora Delilah P. Crowder es originaria de Bayamón, Puerto Rico. Se convirtió al Señor en su adolescencia y ha predicado y enseñado la Palabra de Dios durante 27 años. Posee títulos en Administración de Empresas, Teología Bíblica y Consejería Cristiana.

Durante la época de los 90, se trasladó a los Estados Unidos y, a través del trabajo evangelístico y misionero, ha establecido doce iglesias en la Costa Este de ese país; iglesias que se han expandido a lo largo del centro y el oeste de los Estados Unidos, México y Centroamérica.

En los últimos seis años ha contribuido como asesora administrativa para más de 250 pastores, ministerios e iglesias en todos los Estados Unidos, a través del asesor Ministerial, de la cual es fundadora y presidenta. El asesor

Ministerial es una entidad sin fines de lucro dedicada al asesoramiento del cuerpo eclesiástico.

La Pastora Delilah continúa viajando y predicando en las iglesias hispanas y angloamericanas. Actualmente está radicada con su esposo, Rev. Christopher Crowder, en Atlanta, Georgia.

OTRAS OBRAS DE LA AUTORA

DATOS DE CONTACTO

Para invitaciones y productos
visite nuestro sitio en la web:

www.delilahcrowder.com

Made in the USA
Columbia, SC
14 October 2017